L b 55. 2842

A MON PAYS.

DÉFENSE DE MA PROPOSITION

SUR

L'APPEL A LA NATION.

Paris. — Imprimerie Dondey-Dupre, rue Saint-Louis, 46, au Marais.

A MON PAYS.

DÉFENSE DE MA PROPOSITION

SUR

L'APPEL A LA NATION.

PAR

M. H. DE LA ROCHEJAQUELEIN,

REPRÉSENTANT DU MORBIHAN.

SUIVIE DE LA SÉANCE DE L'ASSEMBLÉE NATIONALE DU 27 MARS 1850,
DES CONSIDÉRANTS ET DE LA PROPOSITION.

PARIS.

GARNIER FRÈRES, LIBRAIRES, PALAIS-NATIONAL

ET CHEZ TOUS LES LIBRAIRES.

1850

A MON PAYS.

DÉFENSE DE MA PROPOSITION

SUR L'APPEL A LA NATION.

Je veux tâcher de répondre à tout et à tous. Il faut procéder par ordre. Et d'abord, j'ai été maladroit, dit-on : la preuve se donne par la manière dont ma proposition a été mise hors la loi.

Personne, parmi ceux qui me blâment, n'a eu le bon goût de m'associer M. Dupin, qui, par un de ces tours de main dont mon expérience aurait dû se défier, vient d'ajouter encore à sa célébrité.

Qui aurait pu se douter qu'une proposition aussi grave que celle que j'avais déposée serait soumise au vote de l'Assemblée contrairement au règlement; qu'elle serait repoussée sans réflexions aucunes, et que l'on attendrait enfin mon absence et le moment où la séance allait être levée pour la livrer, la malheureuse, sans examen, sans défense, à l'inexpérience, à la surprise et aux passions d'une assemblée composée d'éléments si divers ? Je croyais qu'elle serait distribuée le lendemain, qu'elle serait discutée d'abord dans les conversations particulières, puis à la commission d'initiative parlementaire, enfin qu'elle serait prise en considération ou rejetée après m'avoir entendu.

C'est la marche ordinaire de toutes les propositions.

J'ai eu la fortune de voir M. Dupin saisir l'occasion d'une exception à l'honneur de laquelle je ne m'attendais pas.

Lorsqu'en plein jour il se trouve atteint d'un coup de stylet par derrière, l'homme le plus prudent ne peut être blâmé. C'est ce qui m'est arrivé.

J'ai bien entendu dire que M. Dupin avait voulu m'outrager, et qu'après avoir LACÉRÉ ma proposition, il l'avait jetée dédaigneusement à ses pieds ! On s'est trompé ; il comparait dans ce moment avec ma proposition un extrait de SES COMMENTAIRES sur la Constitution de 1848 ; et comme la curiosité publique me demande une explication, voici cet extrait :

« Question : Une assemblée pourrait-elle, au lieu de
» proposer quelques articles à la révision d'une autre
» assemblée, proposer DIRECTEMENT cette révision à la
  sanction du peuple souverain (art. 1er), du peuple,
» de qui tous les pouvoirs émanent (art. 18), et dont
» l'Assemblée nationale elle-même n'est qu'une délé-
» gation (art. 20) ? »

Réponse :

« Si cela arrivait, qui pourrait s'en plaindre, puis-

» que le peuple entier seráit appelé à prononcer dans
» les comices du suffrage universel ? »

Signé DUPIN AINÉ, PRÉSIDENT DE L'ASSEMBLÉE.

M. Dupin aîné, à qui l'un de mes amis venait fort à
propos de faire passer cet extrait de son ouvrage, fut
d'abord un peu confus; mais, reprenant aussitôt ce
sang-froid que donne une invariable conscience, il a
fait justice magistrale de l'aberration de son jugement.

C'est le sentiment de repentir et de dédain pour sa
propre erreur qui a porté M. Dupin à un acte aussi grave
contre lui-même. Sa politesse exquise et proverbiale,
la bonne éducation dont il fait preuve tous les jours,
auraient dû le mettre à l'abri d'une accusation de bru-
tale grossièreté dont je suis le premier à le défendre.
Je l'eusse fait à la tribune, si j'avais connu plus tôt cet
acte si mal compris.

— J'ai eu le tort de ne pas prévenir mes amis, et de
prendre seul la responsabilité d'une proposition si con-
sidérable ? —

Ce sont mes amis qui m'ont fait ce reproche.

Il y a plus de six semaines que j'ai communiqué mon
travail à l'honorable représentant qui présidait l'aréo-
page devant lequel se sont élaborées les accusations qui
m'ont été officiellement adressées dans un journal, par
mes amis.

Ce représentant jouit à tous les titres de l'estime, de
l'attachement de ceux qui le connaissent. Je professe
pour lui ces sentiments au plus haut degré. Il ne m'ap-
prouva pas.

Il fallait apporter la discussion devant les cent soixante membres de la réunion de la rue de Rivoli. A quoi bon ? Mon projet eût été repoussé par la grande majorité. Une minorité plus ou moins forte l'eût appuyé. Comme j'étais parfaitement décidé à profiter de la première occasion pour déposer ma proposition, j'aurais *produit une division*, et déjà bien des fois on m'en a accusé. Je n'ai pas voulu m'exposer à un tort pareil.

Et puis, si j'avais fait cette proposition d'accord avec un certain nombre de légitimistes, on en eût fait une affaire de parti. La majorité, fort compacte contre le désordre matériel, est très-facile à choquer, quand une opinion veut faire un acte qui ne convient pas aux autres opinions. Il eût été fort maladroit de jeter un ferment de discorde là où il en existe déjà trop.

J'ai pensé qu'il était plus politique de m'offrir en holocauste. Si quelqu'un est compromis, je le suis seul; si d'autres veulent l'être avec moi ; qu'ils soient les bienvenus.

Je vais être indiscret. Qu'on me le pardonne : il faut l'être un peu pour intéresser le public.

Croirait-on que depuis l'auto-da-fé de ma proposition j'ai reçu les compliments et les encouragements accompagnés de regrets de plus de cent de mes collègues choisis dans toutes les nuances de l'Assemblée?

Mais dans toutes! Je n'en excepte aucune... Il en viendra bien d'autres!

Si donc j'avais consulté mes amis, j'aurais été combattu, j'aurais causé des divisions, j'aurais fait la faute de donner à une proposition que l'on commence à regarder comme très-patriotique, le cachet d'une affaire de parti. Je m'applaudis de ce que l'on n'ait répudié que moi dans la séance du 26 mars 1850. Je serais bien ingrat, si j'oubliais que mes amis MM. Léo de Laborde et Bouhier de l'Ecluse ont protesté, que MM. Favreau, le général de Grammont et quelques autres de mes collègues insistaient pour que l'on ne prît aucune résolution en mon absence.

On voit que j'ai bien fait d'attirer sur moi seul toutes les responsabilités d'une action qui n'a pas un grand mérite de courage, quoi qu'on en dise, mais que je crois destinée à être mieux comprise de jour en jour.

Les actes prennent plus ou moins de signification par les hommes qui les font. J'ai pensé que j'étais plus qu'un autre en situation, *par mon nom*, de faire un appel contre la guerre civile.

Si elle arrivait par malheur, assurément je ne resterais pas au coin de mon feu. Qui pourrait y rester? Je ferai tout au monde pour la conjurer.

J'ai été élevé dans l'admiration de cette guerre que Napoléon appelait la GUERRE DES GÉANTS; mille fois dans ma vie j'ai pressé dans mes bras ces braves paysans dont la poitrine avait reçu les balles qui avaient pendant longtemps épargné mes parents jusqu'à ce que tous aient succombé à leur tour sur les champs de bataille.

J'ai été élevé dans le culte des noms de Cathelineau le voiturier, premier généralissime de l'armée vendéenne,

1.

de Stofflet le garde-chasse, de Bonchamps, de Lescure, de Charette, et de tant d'autres.

Mais aussi on m'a appris à admirer les Hoche, les Marceau, les Kléber, les Canclaux, et tant d'autres généraux illustres de la première république qui combattirent les Vendéens.

Et je me suis toujours demandé comment tant de braves gens pouvaient donner au monde le spectacle de dissensions sanglantes, au lieu de se réunir pour sauver la France de l'anarchie qui la dévorait, des échafauds et du bourreau, qui remplaçaient alors et les juges et les lois !!!

Et l'on ne veut pas que je supplie la nation de nous épargner de pareils jours, de pareilles calamités !... Et l'on s'étonne que je prenne l'initiative d'une proposition d'APPEL A LA NATION contre une horrible guerre civile que je regarde comme inévitable !!!

Ah! j'écris ces lignes aux pieds de ma vieille et incomparable mère, qui après avoir été élevée au château de Versailles, dans toute les magnificences, dans tout le luxe de la cour, fut contrainte de suivre son premier mari, M. de Lescure, sur tous les champs de bataille de la guerre civile. Restée veuve après le fatal passage de la Loire, son père tué après la bataille de Savenay, elle accouche dans un champ de genêts de deux enfants jumeaux, qui peu de temps après meurent de misère, ainsi que leur sœur aînée. Après mille dangers dans la vie de paysanne qu'elle fut obligée de mener pendant plus d'une année pour se cacher, elle se marie en s condes noces avec mon père, qui, lui aussi, est tué dans la guerre civile, et laisse huit enfants dont l'aîné n'avait pas douze ans. Ma mère est aveugle : elle a tant souffert, elle a tant pleuré !

Et vous voulez qu'après tant d'infortunes, en présence de tant de douleurs, je ne fasse pas un appel suprême à la raison de mon pays ?

Ah ! vous ne comprenez pas ?

Vous ne comprenez pas ; mais c'est que vous ne voyez pas ?

Comment, vous imaginez qu'une situation pareille à celle dans laquelle nous sommes peut durer ?

Comment vous espérez la prolonger assez longtemps pour arriver à la révision légale de la Constitution ? Mais c'est une chimère ! vous ne l'obtiendrez jamais de la composition actuelle de l'Assemblée, et vous ne pouvez toucher ni à l'Assemblée ni à la Constitution.

Vous avez deux années devant vous, mais ce sont deux années de misères qui ne vont que s'accroître de jour en jour.

Déjà l'on accuse les propriétaires de ne pas payer ; mais ils ne le peuvent pas. Les fermiers de ne pas payer ; mais ils ne le peuvent pas. Le commerce est paralysé, l'agriculture est aux abois, les impôts et les fermages seront abandonnés avec la terre par impossibilité de payement !

Les détestables passions se recrutent de toutes les

misères, elles se multiplient d'une manière effrayante.
L'effroi de l'avenir arrête toutes les transactions; l'autorité n'a plus de force contre le désespoir. On s'étonne
de voir les populations adopter les candidatures des novateurs insensés; mais elles veulent en finir avec cette
situation qui ne leur offre aucune issue.

Ma proposition est inopportune; est-ce bien sérieux?
Chacun convient que le gouvernement est, dans ce moment, parfaitement en mesure de réprimer sur l'heure
toute manifestation contraire aux lois. Faut-il attendre
un jour de danger, une époque qui laisse des craintes
sur le résultat d'une lutte prête à s'engager? Mais qui
oserait alors prendre la responsabilité d'une proposition
qui pourrait déterminer l'explosion?

Ah! je l'avoue, ce serait un habile calcul de la part
de ceux qui occupent la place! Il est plus facile d'avoir
raison de la peur que du bon sens.

L'inopportunité! Mais faut-il attendre que la nation
soit énervée, épuisée de souffrances? Est-il un homme
de cœur qui spécule sur l'expérience acquise *par l'excès du mal?* Je ne suis pas de ce nombre.

Vous trouvez sans doute que la situation morale du
pays s'améliore, dans ce cas j'arrive trop tôt. Mais vous
dites tous les jours qu'elle s'aggrave, alors j'arrive bien
tard. Mettez-vous donc d'accord avec vous-mêmes.

J'ai abandonné, sinon compromis, le principe d'hérédité monarchique? C'est le plus grave reproche qui
puisse me toucher.

Je l'ai dit depuis le 24 février : Je ne comprends que

la république ou la légitimité. Il serait singulier que je
ne me rendisse pas bien compte d'un principe qui a
eu ma foi depuis que je suis au monde, mais surtout
depuis que j'ai pu le discuter.

J'ai dit dans l'exposé de ma proposition :

« Considérant que le principe de la souveraineté na-
» tionale est reconnu par tous les partis qui nous divi-
» sent; qu'il a été de tout temps regardé comme la
» source du pouvoir, l'hérédité royale n'ayant été main-
» tenue pendant une longue suite de siècles que par le
» consentement de la nation; que *l'institution du droit*
» *héréditaire* ne saurait souffrir d'un appel à la nation
» qui, usant de la plénitude de sa souveraineté, pour-
» rait reconnaître ce *principe d'origine nationale*, et
» lui donner une sanction nouvelle sans en altérer la
» nature ni lui imprimer un caractère électif. »

Est-ce que par hasard j'aurais commis une hérésie?

Est-ce que j'aurais tort de croire au droit traditionnel,
historique, national de l'hérédité monarchique? Mais
c'est ainsi que mon catéchisme politique m'a appris à
définir la légitimité.

J'ai toujours cru que nos pères avaient pensé très-
justement que la nation se trouverait mieux de la trans-
mission héréditaire du pouvoir royal et que c'étaient eux
qui avaient établi, puis maintenu pendant près de neuf
siècles ce principe conservateur; *non pour que le trône*
fût toujours bien rempli, mais pour qu'il ne fût jamais
vide. N'est-ce pas tout ce que l'on peut demander de

l'infirmité humaine qui atteint les rois comme les autres hommes ?

Mes amis ne me reprochent sans doute pas d'avoir fait bon marché *du droit divin ?* Je suis sûr que pas un d'eux n'y croit plus que moi.

Ah ! les adversaires de l'hérédité parlent *du droit divin*, pour rendre ridicule l'opinion qui, la Monarchie étant donnée, soutient *le droit national.* Je le comprends ; pour certains hommes toutes les armes sont bonnes dans le combat.

Le reproche que l'on me fait n'est donc pas d'avoir donné à la légitimité son vrai nom : *le droit national.*

J'ai eu le malheur de proposer à la France de mettre *aux voix la République ou la Monarchie !*

Mais voulez-vous me dire, mes amis, comment vous entendez revenir à la Monarchie que vous préférez à la République ?

Ce n'est ni par la guerre civile ni par la guerre étrangère, ni par des conspirations, ni par l'excès du mal, ni par un escamotage ?

Vous êtes les plus honnêtes gens du monde ? vous seriez pris pour dupes.

Comment donc ?

Si nous n'avions pas eu des usurpations qui ont perverti l'esprit monarchique en France, si nous n'étions pas divisés au point que vous me posiez cette question : Quelle monarchie ? vous vous seriez tous levés comme un seul homme pour appuyer ma proposition.

Il faut demander à la nation aujourd'hui, quand vous

pouvez le faire sans danger de guerre civile, ce que vous demandiez tous sous le gouvernement du 7 août 1830.

Vous reprochiez aux 219 députés d'avoir disposé sans droits de la couronne de France, vous disiez alors que la nation n'avait pas été consultée et que le duc d'Orléans avait usurpé le trône de son neveu. Vous aviez raison ; je le disais avec vous.

Je demande tout haut que la France dise, sans contrainte et dans sa liberté, si elle veut de la République ou de la Monarchie, et vous vous plaignez tout bas qu'elle n'ait pas été consultée. M. de Chateaubriand ne disait-il pas au duc d'Orléans, le 4 août, ce que je dis aujourd'hui ? *En droit national* au moins c'est un bon maître.

Vous me dites :

« Nous voulons entrer, quand on nous appellera, par
» les fenêtres et *qu'on* nous ouvrira les portes, et *on*,
» ce fût tout le monde, ligueurs et politiques compris,
» quand on alla chercher à Saint-Denis le Roi qu'on
» avait repoussé jusqu'alors.

» *On* ne fit pas le Roi, on l'alla chercher. »

Ai-je dit le contraire ?

J'ai dit mieux que vous, car vous ne proposez rien.

Quel est votre moyen ?

Ah! vous croyez que je reconnais à une génération le *droit* de ne tenir aucun compte des générations qui ont maintenu le droit national héréditaire? Certainement non. Le pouvoir oui ; mais le pouvoir inintelligent et brutal. Car si la génération présente n'est pas liée par les générations passées, de quel droit prétendrait-elle engager les générations futures? Si la nation faisait une pareille inconséquence, ce serait un suicide. Le suicide n'est pas un droit.

Vous croyez la nation folle, je lui crois de la raison, sinon pour elle, au moins pour ses enfants qui doivent la perpétuer, et l'on ne jette pas dans l'abîme avec réflexion soi et les siens.

Je sais bien que l'orgueil et de faux principes nous portent assez naturellement à ne pas nous croire liés par le passé national ; mais est-ce donc par hasard l'orgueil individuel qui doit régler l'avenir d'une nation de trente-six millions d'hommes, et ses intérêts, sa gloire, son repos, son bien-être doivent-ils être à la merci des vanités personnelles et des sophismes dont l'ambition seule est le mobile?

A notre époque si insensée, je sais qu'il est trop de gens qui se croient destinés à jouer le premier rôle ; mais la nation ne craint pas ces ridicules prétentions. Elle ne consentirait jamais à sortir d'un principe que pour entrer dans un autre. Dans ma pensée, il n'y a pas trois termes à ma proposition , il n'y en a que deux : voilà pourquoi j'ai dit *République ou Monarchie*. Je demande à la nation tout entière de répondre si c'est la seule manière d'assurer l'avenir soit de la République, soit de la Monarchie.

Mais, me dites-vous :

« Au point de vue de la rigueur des principes, on

» comprend mal la Monarchie et la République mises
» au scrutin. C'est là républicaniser la Monarchie, c'est
» faire dépendre du vote d'une génération les lois tradi-
» tionnelles sanctionnées par les générations. »

Voyons, expliquons-nous! plutôt que de manquer à
la rigueur des principes, vous aimez mieux rester en
république, et cependant vous prétendez que les principes ont été violés en la proclamant sans le consentement de la nation. Vous voulez donc rester en dehors
des principes? Mais êtes-vous bien sûrs que la nation
pousse le rigorisme aussi loin que vous? Et en quoi, je
vous prie, les principes seraient-ils attaqués?

À la suite d'une révolution qui n'a été que la con-
séquence logique de celle de 1830, la république a été
proclamée *sans droit* et sous une pression qui ne laissait
pas la France libre d'exprimer ses véritables sentiments.
Vous le dites sans cesse. Qui donc sera le juge souverain
de cette question toujours posée? Il me semble que c'est
le pays, et d'ailleurs vous prétendez qu'il est monarchique.

Autrement, cherchez, indiquez-moi le moyen de
trancher la difficulté. Vous me faites, monarchiques et
républicains, l'effet d'avoir peur les uns des autres, et
de n'être pas bien sûrs de ce que la France vous répon-
drait?

Est-ce que par hasard vous mettriez le *droit national*
au-dessus de la nation que vous ne voudriez pas lui
laisser à elle-même le droit de le revendiquer?

Que vous mettiez le droit traditionnel national au-
dessus de l'élection, nous sommes d'accord!

Un principe traditionnel ne se fait pas, il se reconnaît.

Il serait souverainement maladroit de vouloir faire croire à la nation qu'elle n'est pas libre de sa volonté, car alors vous donneriez à penser que vous voulez l'imposer ! Pas un de vous n'a cette idée, mes chers amis, et je sais que vous avez tous dans le cœur cette noble devise donnée par le représentant du principe que vous respectez si justement :

« *Tout pour la France, et par la France.* »

Je croyais que le suffrage universel, librement exprimé, c'était la France.

Il faut bien que je vous suive dans vos plus grands embarras.

J'y mettrai des ménagements. Vous dites encore :

« Au point de vue de la politique, ce n'est pas tout
» que de voter l'appel au peuple, il faut lui présenter les
» questions à ce degré de maturité, où elles peuvent
» être résolues. Tant que le peuple pourra répondre à
» ceux qui lui parlent de monarchie, *laquelle ?* il n'y
» aura pas lieu à le consulter, car la réponse serait diffi-
» cile, douteuse et sujette à des interprétations contra-
» dictoires. Le parti le plus sûr, et en même temps le
» plus conforme à la raison, est de demeurer sur le ter-
» rain de la Constitution pendant le temps marqué. »

Voyons la traduction :

Nous trouvons la Constitution détestable ; elle perd le pays, nous en sommes tous convaincus ; mais plutôt que de sauver la France, nous voulons rester légitimistes,

orléanistes, bonapartistes, dans la Constitution. Dus-
sions-nous périr, plutôt que de faire un appel à la nation,
qui souffre plus que nous et ne veut pas perpétuer des
souffrances intolérables causées par nos divisions, nous
attendons que les trois possibilités monarchiques, sur
lesquelles on se fait des illusions, se soient mises d'accord, et nous ne voulons pas, chacun pour notre part,
faire la courte échelle aux autres !

C'est ainsi que raisonnent les pacifiques politiques
qui n'aiment pas la République.

C'est très-bien ! vous ne pouvez pas vous mettre
d'accord et vous prenez votre temps, mais vous perdez
celui de la France qui s'ennuie et souffre de vous cruel-
lement.

Vous n'êtes pas habiles dans vos négociations. Si elle
s'en mêlait, cela la regarde bien un peu, n'est-ce pas ?
je suis certain qu'elle ferait mieux que vous, et que ce
serait vite fini. Voyons, je raisonne dans l'hypothèse de
la Monarchie sortant du suffrage universel.

Dans ma proposition, je n'ai pas été assez insensé pour
poser au pays cette question : LAQUELLE ? Je sais trop
l'influence des passions, de l'ignorance, des préventions, des intrigues, pour avoir fait une faute pareille.
Je n'ai pas voulu, comme vous me le prêtez charita-
blement, mettre en présence trois prétendants, peut-
être même dix, arrivant chacun avec une armée de
votants, aux cris de : *Vive le Roi ! Vive la Ligue !*

J'ai plus l'esprit pratique que vous ne supposez.
Aussi j'ai dit : QU'UNE ASSEMBLÉE CONSTITUANTE SE-

RAIT CHARGÉE DES PLEINS POUVOIRS DE LA NATION.

Je vais avoir contre moi tous ceux qui ont dans leur poche, ou qui ont envoyé déjà reliées et dorées sur tranches, de jolies petites constitutions à leur image. Je brave le danger. Il peut devenir ennuyeux, c'est déjà beaucoup ; il n'est pas mortel.

Comment procède l'Assemblée constituante monarchique après tant de violentes commotions, après tant de secousses, après tant de fautes venant de toutes parts ?

Elle fait d'abord une constitution monarchique, dans laquelle les principes d'autorité et de liberté sont clairement définis. L'expérience a démontré quelles sont les garanties d'indépendance nécessaires au pouvoir pour faire le bien, pour sauvegarder les intérêts sacrés qui lui sont confiés. Nous devons être fixés sur les garanties nécessaires aux libertés publiques, où nous ne le serons jamais. C'est une constitution qui n'est pas OCTROYÉE comme en 1814, qui n'est pas BACLÉE comme en 1830.

Une constitution monarchique établirait infailliblement l'hérédité de mâle en mâle par ordre de primogéniture. Mais il y a un héritier à l'antique constitution française, si le principe monarchique était reconnu.

Admettez-vous la discussion ? Je le veux bien. Vous m'avez dit : « Quelle monarchie ? » Tout le monde nomme trois prétendants, d'accord.

M. le comte de Chambord, à tout seigneur tout honneur ; c'est l'histoire de la France qui se rattache depuis neuf siècles au descendant légitime des Rois *qui ont fait la France.* Le mot n'est pas de moi : il est de CARREL.

M. le comte de Chambord n'a pas d'enfants? Quels sont ses plus proches parents? Il ne peut rentrer en France qu'avec la nombreuse famille qui peut hériter de lui, de son principe reconnu par la France après tant d'essais et de révolutions. Il n'a rien à oublier, rien à pardonner ; il n'a qu'à tenir compte des services rendus au pays par tous ceux qui ont pu avoir le bonheur de lui en rendre.

Il ne prend la place de personne. Qui peut se plaindre ? De tous les princes , c'est celui qui n'exclut personne. Ce n'est pas une famille, ce n'est pas un prince qu'on choisit, c'est un principe que l'on reconnaît. Qui donc peut s'étonner d'une pareille préférence ? Elle n'atteint personne, pas plus la famille d'Orléans que la famille Bonaparte. La branche d'Orléans hérite directement.

Le second prétendant est le prince Louis-Napoléon Bonaparte ; il est le neveu d'un des plus grands hommes que le monde ait produits. C'est une famille pour laquelle on créerait un droit nouveau. Il n'a pas d'enfants. L'héritier présomptif est ? Vous n'en savez rien ni moi non plus. C'est une affaire de famille difficile à régler.

On pourrait choisir dans la famille d'Orléans ; mais je prends la pensée orléaniste.

Le troisième prince est le jeune comte de Paris. Il a dix ans. Il lui faut une régence. Ses héritiers sont nombreux. C'est encore un droit nouveau que l'on donnerait à une famille qui a brisé, depuis le 7 août 1830 jusqu'à ce jour, avec la tradition monarchique. Mais ce prince a tout à perdre à ne pas réunir le droit ancien sur sa tête, car il reste dans le cas de contestation élective dans un temps plus ou moins éloigné ! Il n'a pas servi de terme à de fatales expériences.

D'ailleurs, à notre époque, quand les droits sacrés de la famille sont attaqués d'une manière si sauvage, un fatal exemple ne partirait pas de si haut. Ce que l'on a pu mettre dans le passé sur le compte de la nécessité, n'aurait plus la même excuse. Je passe en revue même les hypothèses impossibles. J'ai le plus vif désir de n'offenser personne.

Mais enfin ces deux derniers princes n'ont aucun droit monarchique. Ils représentent deux faits historiques qui ont une grande place dans notre histoire contemporaine. L'un a duré onze ans, l'autre dix-sept ans; ils ne consacrent ni l'un ni l'autre le principe d'hérédité monarchique; ils ne représentent ni l'un ni l'autre le *droit national*; ils le contestent. Vous ne croyez pas la nation assez absurde, en posant des prémisses justes, pour en tirer des conséquences contradictoires.

Avec M. le comte de Paris, M. le comte de Chambord et le prince Louis-Bonaparte seraient exclus de France. Avec M. le comte de Chambord, tout le monde a sa place. Ce n'est pas lui qui la donne, c'est la Constitution même; car le plus grand mérite qu'elle doive avoir est de ne faire aucun mécontent, de rallier enfin tous les partis au service de la France sans en blesser, sans en froisser aucun.

Et les RÉPUBLICAINS pas plus que les autres! Il n'y a rien d'humiliant à rentrer volontairement sous la loi de ses pères. Il y a même de très-grands avantages à le faire; car après tant d'épreuves de tout genre, chacun sait mieux ses droits et ses devoirs.

Vous riez, messieurs! c'est, en effet, bien ridicule de mettre au grand jour les rêves de vos consciences si noblement dévouées à votre pays, si pures, que vous sacrifieriez tout pour le bonheur de la France! C'est là cependant l'idéal des chimères caressées par mes amis. Ils se flattent de les voir se réaliser en ne le disant pas; ils espèrent que la raison des intéressés les amènera à comprendre que c'est là seule manière monarchique d'en finir avec les divisions dynastiques. Ils se trompent.

Les habiletés subalternes sont trop à craindre pour espérer de conjurer les entraves qu'elles suscitent pour mieux profiter des malheurs de la patrie.

Et puis, est-il bien sûr que tous les intéressés s'attribuent le pouvoir d'exécuter ce qu'ils croiraient au fond devoir être la meilleure solution?

Encore faudrait-il trouver le moyen.

Que de difficultés de toutes natures, que de prétentions, que d'amours-propres à ménager, à craindre de froisser! C'est en vérité inextricable.

Mais si la nation parlait, si elle réglait elle-même ses destinées, celles de tous les intéressés, et qu'elle dît au *monarque :* Voici nos affaires et les vôtres bien réglées ; c'est à vous de leur donner une sanction définitive. La sagesse de la nation a parlé, que le souverain constitue définitivement !

Croyez-vous, mes amis, que le souverain déciderait autrement que la nation ? Croyez-vous que ce seraient des conditions imposées ?

Pour fermer à jamais l'ère des révolutions, il faut bien que le monarque soit d'accord avec la nation sur les bases fondamentales de la Monarchie, ou bien ne pensez jamais à la Monarchie.

Voyez quelle confiance j'ai, moi légitimiste, dans la sagesse de la nation. Ayant à choisir entre la reconnaissance du principe de nos pères et un enfant de dix ans, ou le prince Louis Bonaparte, sans que nous connaissions son héritier, je me fais fort pour elle qu'elle n'aurait pas un instant d'hésitation. Elle paye assez cher ses folies pour revenir à la raison, mais elle veut que l'on se confie à elle ! Je veux qu'elle fasse ses affaires elle-même, et je crois être dans les idées les plus monarchiques, toujours en me plaçant dans l'hypothèse de la préférence donnée à la Monarchie sur la République par le suffrage universel.

Vous trouvez que c'est un peu républicain ? Peut-être. C'est ainsi cependant que nos pères ont fait la Monarchie ; car apparemment ils n'étaient pas tous esclaves, ils n'étaient pas sous le joug d'une conquête, et je rappelle ce que je répondais un jour, à la Chambre des Députés, à M. Dupin aîné, qui parlait des chevaliers

du droit divin (nous sommes de vieilles connais-
sances) ;

« Ce n'est pas nous qui croyons au droit divin,
» car nous savons tous que Hugues Capet demandant
» au comte Adalbert : *Qui est-ce qui t'a fait comte?*
» celui-ci lui répondit fièrement ; *Qui est-ce qui t'a fait*
» *roi ? »*

Et puis nous savons encore cette vieille formule des
capitulaires de Charlemagne :

« Lex fit consensu populi et constitutione regis. »

» La loi prend sa source dans le consentement de la
» nation ; elle est constituée par le roi. »

Comme j'arrange les choses, n'est-ce pas ? Voulez-
vous me dire comment vous les arrangeriez autrement
sans blesser personne, et en donnant satisfaction à tout
le monde? Vous conviendrez que je mets la nation bien
à même de se prononcer en connaissance de cause.

Mais, me disent tant de braves gens qui admettent
tous les gouvernements, et sont peu préoccupés des principes, si la France voulait la monarchie, que diriez-vous
pour faire prévaloir votre principe ? Je dirais : L'héritier
est dans l'exil où l'ont jeté les fautes des serviteurs de la
royauté qui, seuls, étaient constitutionnellement res-
ponsables ; il est dans l'exil où l'ont jeté les torts de ses
plus proches parents qui devaient lui servir d'appui.

La France, aussi irritée que surprise, s'est trompée,
l'innocent a été frappé ; elle s'est punie elle-même en
abandonnant un principe qui lui appartient *à elle* depuis des siècles, et si, au milieu des agitations de la vie

2

des peuples, dans le mouvement ascensionnel de la civilisation, des rois ont eu de graves torts, si la Monarchie peut être justement en butte à de sérieuses accusations, faisons les comptes de la Monarchie héréditaire :

Représentants de la France, répondez :

Messieurs les représentants de la Flandre, par qui
votre province a-t-elle été réunie à la France ?

Par Louis XIV, l'aïeul du comte de Chambord.

Messieurs de l'Artois ?

Par Louis XIII, l'aïeul du comte de Chambord.

Messieurs de la Picardie ?

Nous étions, avec l'Ile-de-France et l'Orléanais, le
domaine royal sous Hugues Capet, aïeul du comte de
Chambord.

Messieurs de la Normandie ?

Par Charles VIII, aïeul du comte de Chambord.

Messieurs de la Champagne ?

Par Philippe le Bel, aïeul du comte de Chambord.

Messieurs de la Lorraine ?

Par Louis XV, aïeul du comte de Chambord.

Messieurs de l'Alsace ?

Par Louis XIV, aïeul du comte de Chambord.

Messieurs de la Franche-Comté ?

Par Louis XIV, aïeul du comte de Chambord.

Messieurs de la Bourgogne ?

Par Louis XI, aïeul du comte de Chambord.

Messieurs du Lyonnais ?

Par Philippe le Bel, aïeul du comte de Chambord.

Messieurs du Dauphiné ?

Par Philippe VI, aïeul du comte de Chambord.

Messieurs de la Provence?

Par Louis XI, aïeul du comte de Chambord.

Messieurs du Languedoc?

Par Philippe le Hardi, aïeul du comte de Chambord.

Messieurs du Roussillon?

Par Louis XIII, aïeul du comte de Chambord.

Messieurs du Béarn et du comté de Foix?

Nous étions le patrimoine du vaillant roi Henri IV, aïeul du comte de Chambord.

Messieurs de la Guyenne et de la Gascogne, du Périgord, du Quercy, du Rouergue, de l'Agenais, du Bordelais, de l'Angoumois, des Landes, etc., etc., etc.?

Par Charles VII, ancêtre du comte de Chambord.

Messieurs de la Saintonge et du Poitou?

Par Charles V, aïeul du comte de Chambord.

Messieurs de la Bretagne?

Par Charles VIII, aïeul du comte de Chambord; en vertu de son mariage avec notre duchesse Anne de Bretagne, qui épousa ensuite Louis XII, ancêtre du comte de Chambord.

Messieurs de l'Anjou et du Maine?

Par Louis XI, aïeul du comte de Chambord.

Messieurs de la Touraine?

Par Philippe-Auguste, aïeul du comte de Chambord.

Messieurs du Berri?

Par Philippe Ier, aïeul du comte de Chambord.

Messieurs du Nivernais?

Par Louis XIV, aïeul du comte de Chambord.

Messieurs du Bourbonnais et de la Marche ?

Par François Ier, l'un des ancêtres du comte de Chambord.

Messieurs du Limousin ?

Par Charles V, l'un des ancêtres du comte de Chambord.

Messieurs de l'Auvergne ?

Par François Ier, l'un des ancêtres du comte de Chambord.

Messieurs de la Corse ?

Par Louis XVI, aïeul du comte de Chambord.

Messieurs de l'Algérie ?

Par Charles X, aïeul du comte de Chambord.

Prononcez maintenant...

À VOTRE TOUR, MESSIEURS.

M. de La Boulie, dont j'apprécie les excellentes intentions, procède avec moi un peu vivement ; c'est le caractère des Provençaux. Les meilleurs amis, quand ils causent ensemble, ont toujours l'air de se fâcher sérieusement ; il faut faire la part des caractères et des habitudes. Il vient de faire paraître une longue lettre contre moi. Cette fois, elle arrive encore pendant que je corrige les épreuves de cette brochure, mais elle vient à temps pour que je réponde à quelques objections; le principal est déjà fait.

Il fallait, me dit mon honorable collègue, poser la question franchement, je la comprendrais alors, il fallait dire *République* ou *Légitimité*.

Vous êtes très-habile politique, je n'en doute pas, M. de La Boulie, mais vous qui ne voudriez pas voir faire une chose insensée par un légitimiste, je voudrais bien savoir l'effet d'une proposition pareille.

Ce qui fait l'excellence du principe de la légitimité, la Monarchie étant donnée, est précisément ce qui fait le danger de notre situation actuelle.

Il y a, vous en convenez, plusieurs Monarchies en présence. Si la question était posée au suffrage universel comme vous l'indiquez, au lieu d'avoir toutes les républiques seules en présence de la Monarchie, vous les auriez encore, n'est-ce pas? et puis vous auriez tous les partisans des deux autres Monarchies! Qu'en pensez-vous?

Si donc ma proposition n'a pas le sens commun, la vôtre, pour le coup, l'a bien moins encore.

Je demande à la réflexion, à l'examen, la solution d'une question. Vous la posez aux passions, qui de nous deux est le plus raisonnable?

Votre lettre n'a pas un caractère isolé, je le crois du moins. Eh bien! profonds politiques, vous me poussez dans mes derniers retranchements. Voudriez-vous laisser à d'autres le bénéfice de l'initiative de cette proposition? vous y travaillez sans vous en douter; toutes les avenues de la place sont habilement et successivement occupées par d'autres que par vos amis. Les influences de toutes natures se préparent, se concertent en vous écartant, et un beau jour vous seriez fort surpris de voir demander par d'autres que par vous, *l'avis de la nation;* vous seriez fort surpris d'entendre dire que les légitimistes veulent la guerre civile, les étrangers, le droit divin; que notre doctrine est que, *la nation appartient au Roi*, et autres sottises du même genre que l'on ne nous ménage guère dans ce moment.

En présentant ma proposition, j'ai protesté à la fois contre toutes ces stupides accusations.

Il y a un mot qui se dit par les habiles, vous ne l'avez peut-être pas entendu, vous, mais j'ai eu de bonnes raisons pour l'entendre; ne m'en demandez pas plus; méditez-le. Le voici : *Gagnons du temps, conservons chacun nos chances, le pays décidera.*

A l'allure des choses, vous en comprenez sans doute toute la portée?

J'ai eu l'esprit assez de travers pour penser qu'il était plus politique de demander à la nation de se sauver elle-même le plus vite possible *pendant qu'elle conserve toutes ses chances.*

C'est bien aussi patriotique.

Je vous recommande surtout de bien remarquer que ce n'est ni à vous, ni à mes amis que j'emprunte ce mauvais propos.

Je suis fâché de voir que vous l'acceptiez, vous n'y avez pas réfléchi.

Je ne répondrai pas à toutes les combinaisons, entraînant la guerre civile, qui ressortent, suivant M. de La Boulie, de ma proposition.

Je crois l'avoir déjà fait.

En discutant une chose aussi sérieuse que l'*appel à la nation*, il paraît, au premier abord, que ce ne serait guère le cas de dire des *malices* ; il y a des hommes qui sont toujours spirituels. Il ne faut pas s'en plaindre, ils sont rares. Au moyen de déductions décroissantes et presque insensibles, ma proposition se trouve être devenue la proposition de *la Gazette de France*. A tel point, qu'en lisant la lettre de M. de La Boulie, j'ai eu peine à me rendre compte si je n'avais pas rêvé en la faisant mienne.

Enfin je me réveille de ce mirage, et je dois dire que *la Gazette de France* a été aussi étrangère que mon honorable contradicteur à cette énormité, qu'elle a défendue avec un courage, avec une logique un peu embarrassante pour mes adversaires, mais dont je suis très-reconnaissant.

Mon manuscrit n'a été connu, n'a été envoyé à *la Gazette de France* qu'après en avoir déposé le double entre les mains du président de l'Assemblée.

M. le général de Saint-Priest *seul* en a eu connaissance ; et il n'était pas de mon avis.

Est-ce bien clair ?

Vous ne me faites sans doute pas l'injure de supposer que j'aie eu la pensée de me séparer de mes amis politiques ; que je veuille leur déclarer la guerre ; que je veuille m'associer même le plus lointainement à des attaques contre eux, soit dans le passé, soit dans l'avenir; et cependant vous déclarez que nous sommes dans deux camps séparés.

Avez-vous bien pensé à la gravité d'une aussi fausse appréciation?

Je proteste énergiquement contre de pareilles conséquences.

Vous prenez à partie la *Gazette de France*; elle est bien de force à se défendre;

Elle demande l'appel à la nation depuis le 24 février; je n'ai pas jugé politique d'être de son avis. Je crois aujourd'hui que le temps est venu, qu'il est indispensable de s'occuper de ce grand moyen de salut pour le pays; et vous, traitant de haut la question, vous dites :

« Je n'ai pas à m'occuper de l'appel au peuple, je » ne conteste pas le droit d'une manière absolue; mais » comme toutes les questions, celle-ci veut être bien » posée, en temps opportun et dans des conditions favo- » rables. En dehors de cela, ce n'est qu'une folie. »

Ainsi, mon cher collègue, il n'y a entre vous et moi que la question d'opportunité. Pour moi, le temps est venu; pour vous, il viendra plus tard; c'est déjà une bonne espérance.

Vous dites encore : « Notre devoir est de calmer le » pays, non de l'agiter; notre devoir n'est pas d'appeler » la misère, mais de la combattre. »

Allons, c'est très-bien. Depuis deux ans nous y travaillons, ou du moins d'intention. Voulez-vous me dire

quels sont les heureux résultats obtenus? Vous vous imaginez que le travail, que le crédit peuvent se développer sans la confiance dans l'avenir !

Vous vous imaginez que la misère peut être combat-
tue efficacement sans la prospérité du commerce, de
l'industrie, de l'agriculture?

Par quelle panacée pourrez-vous remplacer la confiance ?.

Comment l'établirez-vous dans les conditions actuelles? Je vous en défie !

Vous me dites des mots ; mais si vous aviez pu rendre la France heureuse, si je croyais notre impuissance
capable de surmonter les misères qui nous accablent,
croyez-vous donc que j'eusse été assez insensé pour
faire ma proposition ?

En la repoussant, ne voyez-vous pas que vous prenez
l'engagement formel de résoudre le problème dans l'état
d'impossibilité que je constate, et contre lequel vous
vous inscrivez ?

A vous alors la responsabilité tout entière.

Il faut des actes, en pouvez-vous faire qui soient ef-
ficaces ?

Vous savez bien que non.

Allons, grands hommes politiques de tous les partis,
qui dormez sur le bord de l'abîme et qui n'osez vous
réveiller, dites-moi un peu ce qui se passe hors de
France ?

Interrogez qui vous voudrez parmi les hommes d'É-
tat. Ils vous diront : La France est certainement libre

de se mettre en République, en Monarchie, en An-ar-
chie ; nous sommes habitués à toutes ses évolutions depuis soixante ans. Nous ne pensons pas à lui faire la
guerre dans l'intérêt de qui que ce soit ; mais nous
nous attendons tous les jours à quelque soudaine explosion qui soit suivie d'une déclaration de guerre,
et voilà pourquoi nous avons quinze cent mille hommes prêts à entrer en campagne.

Poussez un peu vos arguments, cherchez à pénétrer
les secrètes pensées, on vous répondra :

« Assurez votre lendemain, car nous voulons assurer
» le nôtre ; nous ne voulons plus être surpris comme
» en 1848 ; nous ne voulons plus nous trouver enva-
» his par les révolutionnaires, et avoir à combattre de-
» puis la Baltique jusqu'à l'Adriatique pour sauver nos
» États.

» Nous ne pouvons pas, il est vrai, soutenir long-
» temps un état militaire aussi ruineux ; lorsque nous
» ne pourrons plus faire autrement, nous déciderons
» si nous devons périr par la banqueroute ou sur les
» champs de bataille. »

Ce n'est donc qu'une question de temps !!!

Vous qui me blâmez, que dites-vous à présent ?

Ah ! vous ne saviez pas !

Croyez-vous assurer votre lendemain par des lois sur
la presse qui mécontentent tout le monde et ne remé-
dient à rien ?

Par des lois sur les réunions électorales qui ne signi-
fient rien.

Par une quantité de petits expédients qui peuvent faire vivre le malade quelques jours peut-être, mais qui, de votre avis même, ne peuvent pas le sauver?

Vous attendez la crise pour administrer le remède. Moi je veux l'éviter, pour éviter en même temps les tours de main.

On m'en a tant fait que je deviens défiant. Ce n'est pas ma faute.

Je suis sûr que vous m'en voulez moins maintenant de ne vous avoir pas parlé du coup de tête que je méditais; car enfin j'avais bien réfléchi à ses conséquences.

Je savais bien que je serais obligé d'expliquer très-nettement les motifs de ma proposition.

Je doute que l'on m'eût laissé faire. Il est certain que je vais bien loin dans ma défense. Je le prévoyais, et j'ai voulu être libre *sans compromettre personne*.

Vous voyez que je répète le mot que vous reprochez à *la Gazette de France*.

J'ai la hardiesse de dire tout haut à la France *sa politique*; mais j'ai été envoyé pour cela.

Je ne trahis pas les secrets d'état. Je ne trahis pas les confidences *des hommes d'état* qui tiennent dans leurs puissantes mains les calmes et les silences.

Je peux être blâmé, je ne peux pas être désavoué.

Vous m'accusez encore d'être indiscipliné! Vous avez bien raison. Mais savez-vous pourquoi?

C'est que depuis longtemps je cherche un chef, et que je ne l'ai pas trouvé.

J'ai fait feu sans ordre!

Ah ! j'ai ma consigne donnée par la Bretagne:

« Contre la guerre civile, contre la guerre étrangère,
» contre la barbarie, contre les stupides accusations qui
» dénaturent nos principes, contre l'usurpation, faites
» feu ! »

J'ai obéi !

Heureusement, j'ai fini de défendre mes hérésies monarchiques, et dussé-je être placé au ban de l'opinion, j'ai dit toute ma pensée ; j'en ai seul toute la responsabilité.

Il est temps que je parle *République*, car on me croirait en plein parlement, et je n'oublie pas que je suis représentant du peuple sous un gouvernement républicain.

La République se définit facilement, on ne peut pas se tromper sur les principes qui la constituent.

Les pouvoirs sont temporaires et électifs, la majorité fait la loi. Le devoir de la minorité est de s'y soumettre.

On ne peut pas être républicain sans adhérer à cette formule : si on la conteste, il n'y a plus que la force.

Il paraît singulier de prime abord que moi qui suis appelé légitimiste par tout le monde, et qui ne m'en offense pas, je puisse dire que je m'arrangerais très-bien de la République.

C'est peut-être pour cela que dans ce moment je suis excommunié par un certain nombre de mes amis, et par presque tous ceux qui n'étant ni républicains, ni mes amis politiques, me ménagent fort peu en parlant de ma proposition.

Il faut bien que je défende le légitimiste républicain, c'est ainsi que j'ai eu l'audace de m'appeler moi-même à *Ems*, l'année dernière, en parlant à M. le comte de Chambord, qui, je vous assure, n'en a témoigné aucune mauvaise humeur; il a trop d'esprit pour cela.

J'ai été fort étonné de voir quelques journaux républicains se fâcher tout rouge de mon audace, d'autres ne pas soutenir le défi qu'ils avaient d'abord jeté.

Ai-je fait appel à autre chose qu'à la souveraineté nationale qui, dans leur principe, peut être toujours invoquée?

Ai-je fait appel à une autre loi qu'à celle des majorités?

J'entendais un jour mon collègue, M. Martin de Strasbourg, dire à la tribune de l'Assemblée constituante : « Je suis républicain parce que j'ai en horreur les révolutions, et que je crois les finir à jamais en établissant la république. » Assurément ce n'était pas un nouveau converti, car ce fut dans le même discours qu'il nous dit : « Je suis républicain de naissance. »

Depuis ce discours, j'ai conçu pour M. Martin de Strasbourg une estime profonde. Je ne me souviens plus de ce dont il parlait ce jour-là; je n'en ai retenu que cette *phrase*. Elle me suffisait.

3

Voilà donc les deux principes en présence avec le même but, *République* ou *Légitimité*, par une égale horreur des révolutions.

Avec le principe électif rendu possible par le bon sens de ceux qui le défendent, et par l'acceptation complète de la France, on arriverait à nommer un Président tous les trois ou quatre ans. Ce serait difficile sans jeter au moins de vives anxiétés dans le pays, mais ce serait un gouvernement bien défini.

Que l'on revienne, au contraire, au principe héréditaire dans un intérêt de conservation et de sécurité, que l'on convienne de maintenir l'hérédité sans usurpation possible, d'où qu'elle vienne. — Dans les deux principes, c'est mettre la loi au-dessus des ambitions.

Mais il m'a semblé, je me trompe peut-être, que l'on était fort divisé sur les sentiments de la France.

Tandis que les uns semblent vouloir de trois monarchies, les autres paraissent vouloir un plus grand nombre de républiques.

S'il n'y avait eu qu'une république en jeu, je crois qu'il y aurait plus de républicains, et que c'est la peur des républiques inconnues qui a fait revenir chacun à son point de départ.

S'il y avait eu une république de tout le monde, je serais très-porté à croire que nous serions plus avancés que nous le sommes : mais il y a eu d'abord la république que l'on a surnommée du *National*, nous en sommes à la *république napoléonienne*. Le mot est drôle : et le *grand empereur* doit bien s'en étonner, dans son tombeau, que nous ne pouvons pas finir de terminer, quoique je sois de la commission qui en délibère.

Mais, ce qui n'est pas drôle, c'est la république dont on nous menace ; j'en appelle aux républicains sincères ; ne sont-ils pas effrayés des abominables doctrines que l'on va répandant partout dans nos villes, dans le fond de nos campagnes, pour arriver à une *jacquerie* sans exemple dans l'histoire?

Sous le gouvernement de Louis-Philippe, M. Léon Faucher disait : « La corruption coule à pleins bords. » Il avait peut-être raison. Maintenant la dissolution, la dépravation, la négation même du *tien* et du *mien*, coulent à pleins bords. La convoitise n'a plus de bornes, et c'est en montrant à la misère la perspective de la spoliation d'autrui, que les apôtres de certaines doctrines espèrent républicaniser la France. Ils la pervertissent et prétendent l'élever, et rendre les âmes plus nobles, plus intelligentes, plus dignes de la divinité dont elles émanent!

L'absence de tout respect, la négation de toute autorité sont prêchées partout comme des vérités et des vertus républicaines.

Le malheur des temps, l'effroi d'une épreuve que l'on craint trop justement de voir mal tourner, la mobilité d'un gouvernement si souvent électif succédant à la stabilité du gouvernement monarchique, déjà si malheureusement atteinte le 7 août 1830, tout est habilement exploité pour surexciter les craintes et déterminer de plus grandes misères.

Des penseurs malades ont jeté sur notre malheureuse société les élucubrations de leurs cerveaux volcaniques, et la lave brûlé jusqu'à la racine les principes les moins contestables de la civilisation. Confondant tout, contestant tout, les uns veulent réaliser, ce qu'ils appellent encore la liberté, par le despotisme le plus révoltant; ou bien encore par le détachement complet de la propriété personnelle dans un système de fraternité impraticable, qui, prenant pour but les jouissances matérielles, impose le plus grand sacrifice que la religion puisse obtenir des hommes qui, se séparant du monde, ne travaillent que pour le ciel.

Ceux-ci parlent d'un communisme universel, ceux-là d'un crédit personnel illimité; mais tous voudraient être les grands-prêtres de ces nouveaux mondes, car qui pourrait interpréter l'IDÉE si ce n'est eux?

D'autres forment un mélange de douces folies qui finiraient par des fureurs, mais je ne les comprends pas! Je me plaignais un jour à M. Pierre Leroux de ce que mon intelligence fût si fort au-dessous de celle de ses adeptes, si peu instruits pour la plupart; que je ne comprenais pas un mot de sa *triade*. Il me répondit de très-bonne foi : « Ce n'est pas étonnant : dans la posi-» tion que Dieu vous a donnée, vous ne pouvez pas » avoir la grâce. »

Il y a un homme que je comprends, et qui ne peut pas être accusé d'ambition personnelle : c'est M. Proudhon. Il vous dit tout simplement : Je veux l'AN-AR-CHIE; c'est à-dire absence complète d'autorité dans la société; ainsi plus d'armée, plus d'administration, plus de magistrature. L'homme ne doit point obéir à l'homme; nul n'a le droit de commander, nul ne doit obéir.

Vous êtes libres, citoyens; tirez-vous de là comme vous pourrez.

Toutes les écoles se disent républicaines par excellence; il faut convenir qu'elles tiennent la tête du mouvement.

Mais ce ne sont pas les hommes qui veulent tout démolir par leurs doctrines que je redoute; ce sont les malheureux qui, ne croyant plus à rien qu'à la misère et qui, pervertis par des théories dont ils ne comprennent que le seul mot : *destruction*, se mettent à la suite des ambitieux révolutionnaires, pour qui tous les moyens sont bons pourvu qu'ils parviennent. Nul ne sachant à laquelle de ces républiques serait réservé l'avenir, peut-on s'étonner des défiances qu'inspire une forme de gouvernement qui présente de telles perspectives?

Dans cet état des esprits, dans cet état des souffrances générales, d'autres inquiétudes se manifestent.

On accuse le gouvernement de refaire successivement tout ce qui était avant Février, et de ne rien faire qui marque la distance infinie qui sépare les deux époques de la veille et du lendemain.

On a voulu, en 1830, faire une monarchie républicaine; ne veut-on pas, en 1850, faire une république monarchique?

Ces inquiétudes n'ont-elles pas jeté dans de folles utopies les hommes qui, pendant plus d'une année, les avaient repoussées ?

Ce n'est plus la France qui les préoccupe, c'est la République, quelle qu'elle soit. Mais que l'on y prenne garde, les mauvaises passions, ainsi encouragées par des hommes qu'irrite la marche du gouvernement qui fait fausse route (il est dans de si grands embarras), pourraient bien éclater quelque jour, et couvrir de ruines notre malheureuse patrie. C'est là ce qui m'effraye, et ce qui me fait demander à la nation qui *doute*, et à juste titre, de l'avenir que lui réservent les *pourparlers* qui préoccupent tous les esprits :

« Voulez-vous la *République* ou la *Monarchie* ? »

Qui voudrait donc se trouver compromis dans des tentatives qui pourraient être faites, et qui donc voudrait en être dupe ?

Je crois qu'il n'en est pas d'illégale qui puisse réussir.

Je ne prétends certes pas que ces bruits, trop accrédités soient fondés ; mais je dis qu'ils servent à augmenter l'incertitude qui aggrave chaque jour nos dangers, et qu'il sera bientôt trop tard.

Je ne me suis pas posé en ennemi de la République. Je n'en ai pas le droit ! Je l'ai dit à la tribune, il y a quelques jours. M'a-t-on vu l'insulter ? M'a-t-on vu ou entendu écrire quelque part, ou porter à la tribune, des accusations, même contre le Gouvernement provisoire ? Jamais. Et pourquoi ? Parce que j'ai cru la République le seul terrain sur lequel tous les partis pou-

vaient faire la *trêve de Dieu*, parce que j'ai été témoin
des efforts qui ont été faits pour maintenir la République, dès le premier jour, dans les seules conditions
qui puissent la faire accepter. Il y a eu des fautes, des
fautes très-graves, des torts énormes ; le plus grand
malheur est de n'avoir pas consulté la nation. J'ai tenu
compte des difficultés que l'on avait à surmonter. Aujourd'hui qu'elles n'existent plus, je fais *appel à la souveraineté nationale.*

M. de Lamartine vient de me répondre. Il passe en
revue les différents considérants de ma proposition pour
les contester. C'est une pièce historique écrite à son
point de vue. Je ne veux pas me donner la facile mission de lui répondre historiquement ; tous les journaux
le font ces jours-ci, et je ne ferais que les répéter. Je
trouve qu'ils ont trop raison contre l'illustre écrivain,
dont j'apprécie plus qu'aucun autre les immenses efforts, trop tardifs mais dont je ne partage pas les géné-
reuses illusions.

Il y a déjà longtemps, le 2 novembre 1848, il était
vivement attaqué par mes amis. Je le défendais, en disant la vérité, comme je la comprenais. Je veux rappeler la lettre que j'écrivais à cette époque. Je prie qu'on
la rapproche des considérants que j'ai publiés avec ma
proposition ; et je demande si j'ai dit un seul mot alors
que je ne dise aujourd'hui.

J'expliquais, en 1848, les faits ; je ne condamnais pas
plus dans ce temps-là qu'aujourd'hui les raisons de force
majeure qui les ont fait accepter, mais je constatais déjà

illégalité, la pression certaine sous laquelle ils avaient été produits.

J'en appelle aujourd'hui de la folie à la raison, quand je vois mon pays marcher froidement et fatalement vers sa perte prochaine.

Voici quelques passages de cette lettre qui me servira de réponse à M. de Lamartine.

Le rédacteur en chef du *Bien public* l'intitula une PAGE D'HISTOIRE.

« Assurément je rends la plus entière justice à M. de
» Lamartine et à la plupart des membres du Gouverne-
» ment provisoire. Ils se sont trouvés dans une de ces
» positions suprêmes d'où dépend l'avenir de tout un
» pays. J'ai été témoin des menaces de mort qui les en-
» touraient, qui les pressaient de toutes parts.

» *Un autre Gouvernement provisoire* était dans une
» salle voisine, tout prêt à prendre la place de ceux que
» l'opinion publique avait désignés les premiers. Dieu
» sait où nous serions allés si MM. Dupont (de l'Eure),
» Arago, de Lamartine, Marie, etc., etc., eussent persisté
» à ne pas vouloir provisoirement la proclamation de la
» République! Ils ont lutté aussi longtemps, aussi éner-
» giquement qu'ils l'ont pu, pour que la *nation, libre-*
» *ment consultée,* fît le choix du Gouvernement qu'elle
» voulait, et cependant ils disaient hautement qu'ils
» voulaient la République.

» La première proclamation porte, *sauf la ratifica-*
» *tion de la nation,* et cette condition de la ratification
» par la nation a été très-formellement réservée dans

» le discours prononcé par mon illustre ami M. Arago,
» au pied de la colonne de Juillet.

» Que l'on se rappelle cette époque : cent mille ou-
» vriers en armes, un plus grand nombre de méconten-
» tents de toutes conditions, une masse énorme d'hom-
» mes qui se jettent à la curée de toute révolution
» nouvelle, surtout dans une capitale comme Paris. La
» garde nationale, surprise de ce qu'elle avait fait en
» partie ou laissé faire, était réduite à maintenir, dans
» chaque quartier, le respect aux personnes et aux pro-
» priétés. Il n'y avait plus de gouvernement.

» Les troupes, abandonnées à elle-même, sans
» chefs, ou avec l'ordre formel de rester neutres,
» avaient, pour la plupart, jeté leurs armes; tel était
» l'état de Paris le 24 février, à quatre heures du
» soir.

» Sur quelle force de résistance les membres du Gou-
» vernement provisoire, fidèles au principe que *nul n'a*
» *le droit de disposer de la nation*, pouvaient-ils s'ap-
» puyer pour résister aux exigences de deux ou trois
» mille républicains tout au plus, j'en exagère le nom-
» bre, qui avaient pris la tête du mouvement? Sur
» aucune.

» La minorité du Gouvernement provisoire était
» moins scrupuleuse. Elle désirait, c'était évident, une
» résistance invincible de la part de la majorité, pour la
» renverser et rester maîtresse de nos destinées, en s'ad-
» joignant les hommes les plus violents. A coup sûr, une
» résistance plus prolongée eût amené ce résultat funeste.

» L'histoire impartiale dira par quelles épreuves
» passèrent les hommes de bien qui eurent à lutter si
» énergiquement dans le Gouvernement provisoire.
» Les détails en sont à peine croyables.

» Témoin de la plupart des faits des premiers jours,
» j'ai pu les apprécier.

» J'ai accepté la proclamation *provisoire* de la Répu-
» blique, pour que la place *fût bien nette*. Et cependant,
» après avoir fait publiquement à l'Hôtel de ville la
» *réserve du vœu de la nation*, j'ai encore, dans une
» lettre que j'écrivis le lendemain, formellement rap-
» pelé le principe *que la nation, maîtresse d'elle-même,*
» *a seule le droit de se donner le gouvernement qui lui*
» *convient.* En donnant mon adhésion dans les circon-
» stances incroyables dans lesquelles nous nous trou-
» vions, j'ai cru rendre un service à mon pays; j'ai
» pensé que j'aidais autant qu'il était en moi à prévenir
» une guerre civile dans laquelle se seraient rencontrés,
» je ne sais sur quel champ de bataille, je ne sais sous
» quels chefs, les républicains de la veille, ou même les
» socialistes, les communistes, les légitimistes, les bo-
» napartistes, les orléanistes, j'en oublie, sans doute.

» Je m'applaudis de l'avoir fait; j'ai eu confiance,
» comme je l'ai encore, dans la raison de la France.

» Je n'avais pas besoin de la triste expérience que
» nous faisons pour être convaincu qu'il eût été mille
» fois préférable d'attendre l'expression de la volonté
» libre de la nation, car messieurs les républicains dé-
» raisonnables de l'avant-veille ne se croiraient pas le

» droit de parler *de leur gouvernement à eux;* ils ne se
» croiraient pas le droit de s'appeler *les vainqueurs,*
» quand ils n'ont vaincu personne; ils ne se croiraient
» pas le droit de traiter *d'ennemis* tous ceux qui n'ont
» pas conspiré avec eux, et ils disent eux-mêmes
» qu'ils étaient, avant le 24 février, à peine quelques
» mille en France... Au lieu de se défier du pays, de
» chercher à refaire les partis en les attaquant sans
» cesse, nous aurions la cordialité des premiers jours.

» Il y a tant à dire sur les fautes commises par ceux
» qui ont voulu faire la République pour eux, et qui
» veulent faire croire qu'ils l'ont faite, que je laisse à
» d'autres ce soin; mais je tenais à dire dans quelles
» circonstances j'ai hautement approuvé M. de Lamar-
» tine. Je ne retire rien de la justice que je lui ai ren-
» due, non-seulement dans ces premiers jours, mais
» encore dans bien d'autres solennelles occasions qui,
» mal appréciées, lui ont valu l'ingratitude momentanée
» du pays; ingratitude inexplicable, je ne crains pas de
» le dire, pour ses juges impartiaux, même les plus sé-
» vères. Est-ce à dire que j'ai tout approuvé? Non, ce
» serait trop; mais je tiens à ne pas être injuste.

» Je ne retire rien de la conduite que j'ai suivie de-
» puis le 24 février; mais je maintiens toujours le prin-
» cipe *que la France, maîtresse d'elle-même, a seule*
» *le droit de se donner le gouvernement qui lui con-*
» *vient.*

» La France reste *maîtresse d'elle-même,* je ne veux
» rien de plus. Elle a son histoire, son expérience qui

» grandit tous les jours ; c'est à elle de faire valoir, de
» faire respecter sa volonté souveraine.

» Recevez, etc.,

» H. DE LA ROCHEJAQUELEIN »

3 novembre 1848.

J'ai parlé, dans mes *considérants*, de la pression po-
pulaire sous laquelle se trouvaient et le Gouvernement
provisoire et l'Assemblée législative, le 4 mai 1848.
J'emprunte à M. Louis Blanc, dans son livre sur *l'Organisation du travail*, le passage suivant qui peut servir à M. de Lamartine, pour qu'il s'explique l'impor-
tance des mauvaises passions que nous avions tous à
conjurer.

« Il y a (à Paris) 33,000 individus qui, précipités
» dans les bas fonds du vice par la misère et l'ignorance,
» s'agitent et pourrissent dans un désespoir forcené.
» Quant aux misérables qui ne demandent les moyens
» de vivre qu'à une criminelle industrie, comme les
» voleurs, les fraudeurs, les escrocs, les recéleurs, les
» filles publiques et leurs amants, ils forment un total
» de 30,072, chiffre formidable qui, ajouté à celui de
» 33,000, fait monter à plus de 63,000 individus de
» tout âge et de tout sexe CETTE ARMÉE DU MAL que
» Paris contient et alimente. » (*Organisation du travail*, p. 44-45.)

Et c'est là ce qui explique comment dans toutes les
révolutions faites à Paris, la violence prend la place du
droit, les meilleures intentions sont débordées et for-
cées de céder pour éviter d'affreuses catastrophes.

C'est ce qui explique le décret du Gouvernement provisoire du 1er mai 1848, sur le cérémonial pour l'ouverture de l'Assemblée constituante.

Art. 22. Le président se lève et prononce ces mots : « Représentants du peuple, au nom de la République, » une, indivisible, l'Assemblée nationale est définitive- » ment instituée. Vive la République ! »

C'est là ce qui explique le discours d'inauguration de la Constituante, prononcé par M. Dupont (de l'Eure) au nom du Gouvernement provisoire, dont il était le président.

Discours de M. Dupont (de l'Eure), séance d'ouverture de l'Assemblée constituante, le 4 mai 1848. — « Dépositaires de la souveraineté nationale, vous allez » fonder nos institutions nouvelles sur les larges bases » de la démocratie, et donner à la France *la seule cons-* » *titution qui puisse lui convenir, une constitution ré-* » *publicaine...* »

« Nous n'avons pas hésité à proclamer la république » naissante de Février. Aujourd'hui nous inaugurons les » travaux de l'Assemblée nationale *à ce cri qui doit tou-* » *jours la rallier :* Vive la République !... »

C'est là ce qui explique comment les républicains sincères n'ont pas pu consulter la nation, occupés qu'ils étaient à contenir les détestables passions *de cette armée du mal.*

Et c'est parce que cette *armée du mal,* ainsi que l'appelle M. Louis Blanc, est heureusement impuissante aujourd'hui pour apporter dans la balance le poids impur de ses violences, que je dis à la France de profiter du calme et de la force dont elle dispose pour s'interroger elle-même sur ses destinées.

Mais, me crie-t-on de toutes parts, de droite, de gauche, par-devant par-derrière, les mécontents pourront donc toujours en tout temps, sous tous les gouvernements, faire des *appels à la nation* ? est ce bien sérieux ?

Je n'ai qu'une chose à répondre : c'est qu'une révolution qui change la forme nationale d'un gouvernement ne peut avoir un droit que puissent défendre ceux-là mêmes qui la font si elle n'est *sanctionnée par la nation.*

— L'appel à la nation contre un gouvernement régulièrement, librement consenti, établi par la nation elle-même, ne se comprendrait que dans les cas de danger si extrême pour les peuples, que leur existence même fût mise en question.

M. de Lamartine prétend qu'il y a quelque courage à porter aussi nettement une pareille question devant le Gouvernement d'une Révolution. Cette audace prétendue ne prouve qu'une chose : c'est que j'estime que nous sommes assez avancés pour qu'en République ou en Monarchie, *nous soyons libres.*

Je n'ai pas contesté la République, je n'ai pas contesté *la Constitution ;* j'ai fait un appel à la nation pour elle-même. Il serait étrange que la souveraineté nationale pût se trouver blessée de mon hommage.

À mon tour, je demande à M. de Lamartine de bien réfléchir à la situation que j'ai prise, de bien réfléchir à celle qu'il défend. Il se prononce pour le passé, et moi pour l'avenir, L'APPEL A LA NATION.

———————

Je dois en finissant faire un nouvel appel aux sérieuses réflexions de mon pays.

Où allons-nous ? Si décidément le torrent nous emporte; si nous devons passer par les tourmentes révolutionnaires qui ne peuvent avoir aucun but nouveau, nous avons tout essayé! qui ne peuvent avoir aucun but social, car ce n'est pas en détruisant que l'on améliore ; préparons-nous aux plus rudes combats.

Ce n'est pas en vain que tout serait mis en question par une révolution violente. Ceux que vous regardez aujourd'hui comme les plus dangereux ennemis de la société seraient bien vite dépassés.

Nous connaissons l'incapacité gouvernementale de tous les chefs d'écoles; eux-mêmes en conviennent; ils sont bons pour la sape; ils ne savent pas édifier.

L'un d'eux me disait un jour :

« Je veux détruire cette vieille société; il viendra
» cent ans après moi un homme qui la reconstruira sur
» de nouvelles bases. »

Si, pour le malheur de ma patrie, les passions insensées débordent sur nous comme une avalanche que l'on ne veut pas éviter, préparez-vous donc à lutter

contre toute l'Europe qui ne veut pas périr par vous.
Préparez-vous à combattre deux millions d'hommes
auxquels la nouvelle révolution commencerait par déclarer la guerre ; nouveaux barbares, préparez-vous à
lutter contre la civilisation dans votre propre pays.

Vous serez vaincus, mais vous aurez rempli le monde
de vos forfaits. Vous ne recueillerez que la honte et l'op-
probre, vous ne recueillerez que la ruine et l'esclavage
pour la France ; et c'est au nom sacré de la liberté flétri par votre bouche, flétri par vos doctrines perverses,
que vous aurez enseveli, pour toujours peut être, les
libertés publiques.

Quelques-uns de vous espèrent se tirer de l'immense
chaos que vous voulez produire, et cette pensée surexcite
les natures dégradées qui veulent tuer leur mère dans
le fol et criminel espoir de passer plus heureusement
quelques années de leur dangereuse vie. Peuples, qu'y
gagnerez-vous? Ouvriers, qu'y gagnerez-vous? De plus
grandes misères, dont vous ne mesurez pas l'étendue,
et vous suivez ces hommes !

Vous n'aurez plus qu'à mourir sans travailler, vous
ne vivrez plus de la vie noble et fière de l'homme libre.

Un peuple qui oublie la voix de l'humanité, de la civilisation, mérite son sort s'il devient esclave.

Puissent mes douloureuses prophéties ne pas s'ac-
complir !

Si de pareils jours étaient réservés à la France, vous
penseriez peut-être alors, qu'un homme qui aime son
pays plus que la vie, vous a suppliés de faire un appel à la

raison de la nation pour la sauver, que cet appel lui a été refusé quand il en était temps encore, et qui que vous soyez, aveugles ou coupables d'intention, qui ne redoutez pas l'État misérable que j'entrevois, souvenez-vous que la nation n'aura souffert, grand Dieu ! n'aura péri peut-être que par votre faute. Alors il ne serait plus, il est vrai, question de rappeler un principe, qui s'appelle le comte de Chambord, ni des d'Orléans, ni des Bonaparte.

Qui donc voudrait régner sur des ruines ?

Il ne serait plus question de République !

Nous pouvons encore aujourd'hui conjurer un fatal avenir; que la nation réponde *République* ou *Monarchie*.

L'une ou l'autre aura alors, dans le consentement libre de la nation, puisé les forces nécessaires pour sauver par les moyens les plus énergiques, et surtout par l'union, la France et la civilisation qui se meurent.

PROPOSITION

DÉPOSÉE A L'ASSEMBLÉE NATIONALE

PAR M. DE LA ROCHEJAQUELEIN,

DANS LA SÉANCE DU 26 MARS,

Considérant que, pour toute nation, le sentiment de la légitimité de ses institutions politiques, la confiance dans leur puissance et leur durée, sont les conditions fondamentales de sa sécurité, de sa grandeur et de sa prospérité;

Considérant que ce sentiment n'existe p'us aujourd'hui en France;

Que, par suite de cette situation, l'avenir est pour tous plein d'incertitude et de périls;

Que, dans le présent, la division des partis et l'ardeur des ambitions individuelles sont trop malheureusement surexcitées au détriment des intérêts généraux du pays;

Que l'agriculture, le commerce et l'industrie sont dans un état de souffrance qui ne peut se prolonger plus longtemps;

Que le développement des facultés et de l'énergie de la France est entravé;

Que sa puissance extérieure est amoindrie par la douloureuse nécessité où elle se trouve de concentrer préventivement la plus grande partie de ses forces contre les tentatives de subversion;

Considérant que l'intérêt général exige impérieuse-

ment que la France sorte de cette situation d'incertitude
et d'anxiété, pour entrer dans une phase où son organisation politique repose sur une base solide et durable ;

Considérant que la principale cause des malheurs qui,
depuis si longtemps, affligent la France, provient de ce
qu'aux différentes époques où, confondant à tort la souveraineté nationale avec le principe électif, la souveraineté nationale a été présentée comme la base nouvelle
des institutions politiques sans que la France ait été appelée à se prononcer librement sur le choix du gouvernement qu'elle préférait, comme le plus conforme à ses
croyances, à ses mœurs et à ses intérêts ;

Que dans certains cas elle n'a point été consultée ;

Que, dans les autres, elle ne l'a été qu'après la substi-
tution violente d'un gouvernement à un autre, c'est à
dire qu'elle a été appelée, non à faire un choix libre,
mais à accepter les faits accomplis, *non à instituer, mais
à sanctionner,* et que cette *sanction* elle-même n'était
pas un acte moralement libre, puisque par suite de la
destruction du gouvernement préexistant, la France
n'avait plus l'option qu'entre l'*acceptation* ou l'*anarchie* ;

Considérant que s'il est désirable au point de vue de
la sécurité publique et de la grandeur nationale, aux-
quelles contribue pardessus tout la permanence des institutions politiques, que les nations n'usent que dans
les cas où leur salut l'exige, sous peine de périr, du
droit de modifier leur organisation politique, il est es-
sentiel et fondamental que le point de départ de leurs
institutions soit un acte de la volonté nationale, dont la

liberté ne puisse être l'objet d'aucune contestation.

Considérant, tout en tenant grand compte des difficultés contre lesquelles ils avaient à lutte, que les hommes qui, le 24 février 1848, furent portés provisoirement au pouvoir, étaient, dans l'opinion générale et fondée, sans aucun droit pour imposer à la France une forme quelconque de gouvernement;

Qu'ils devaient se borner à administrer *provisoirement*, à préserver les droits de la nation sans rien préjuger sur sa volonté ultérieure;

Qu'ils devaient prendre, enfin, toutes les mesures propres à assurer à la libre expression de cette volonté, quelle qu'elle fût, l'obéissance et le respect dus à la décision souveraine du pays;

Considérant que les proclamations des 24 et 26 février 1848, dont la première proclame la République, sauf *ratification de la nation*, et la seconde la proclame d'une manière absolue, furent deux actes contraires aux principes de la *souveraineté nationale*;

Que nul ne pouvait, sans usurpation, restreindre le droit de la nation, lui enlever son initiative, sa liberté dans le choix *d'un gouvernement*, pour la réduire à un simple vote de *ratification*, qui, en pareil cas, pouvait n'être qu'un acte de *résignation*;

Considérant que tout fut combiné par le Gouvernement provisoire pour enlever même à la France dans l'accomplissement de cette simple ratification, la spontanéité, la plénitude du libre arbitre, qui seuls pouvaient donner à cet acte l'autorité morale d'où résulte la satisfaction des consciences et l'abdication des partis ;

Considérant, en effet, que dans toute la France les fonctionnaires de l'ordre politique furent remplacés par des commissaires chargés d'imposer la République ;

Que dans ce but, des pouvoirs illimités leur furent conférés ;

Qu'ils reçurent même la faculté de se faire élire dans les lieux où ils exerçaient ces pouvoirs ;

Que des émissaires furent chargés de faire prévaloir dans les élections les candidatures républicaines ;

Considérant en outre que lors de la réunion de l'Assemblée nationale dans la ville de Paris, le 5 mai 1848, le pouvoir était tout entier aux mains du *gouvernement provisoire* qui avait proclamé et organisé la République ;

Qu'il n'existait dans cette ville, à l'exception de la garde nationale, aucune force militaire pour protéger la liberté des délibérations de l'Assemblée ;

Que la garde nationale elle-même avait été formée dans un but spécial et de telle façon que la guerre civile eût éclaté si l'Assemblée n'avait pas obéi à la pression du gouvernement ;

Que la question de savoir si l'Assemblée ne devrait pas être dispersée, dans le cas où elle ne proclamerait pas la République, avait été publiquement agitée et posée lors des élections, à la plupart des candidats aux grades de la garde nationale ;

Qu'il existait sous le nom d'ateliers nationaux une force redoutable de plus de 100,000 hommes, entièrement à la discrétion des membres les plus exaltés du Gouvernement provisoire;

Que l'Assemblée, placée au centre du mouvement et des forces dirigées par le gouvernement qui avait proc'amé la République, se trouvait à sa merci;

Considérant que toutes ces circonstances, et particulièrement la position critique résultant de l'établissement préalable du gouvernement républicain, qui ne laissait de choix, aux hommes dévoués avant tout à leur pays, qu'entre la ratification ou l'anarchie et la guerre civile, *justifient le doute généralement répandu dans les esprits sur le point de savoir si les institutions actuelles sont l'expression sincère de la volonté de la France, agissant dans la plénitude de son libre arbitre et de sa souveraineté;*

Considérant qu'un pareil doute provoque la défiance dans la durée de ces institutions, entretient les espérances et l'antagonisme des différents partis, fait naître les bruits d'insurrection ou de coup d'état, et, par suite, paralyse l'agriculture, le commerce et l'industrie, qui ne peuvent se développer que par la sécurité du présent et la confiance dans l'avenir, et qu'une pareille situation est une cause continue d'affaiblissement vis-à-vis des puissances étrangères;

Considérant qu'un pareil état de choses ne peut se prolonger sans porter une atteinte funeste à la dignité, à la prospérité et à la grandeur de la France;

Considérant que le gouvernement doit trouver dans son origine la puissance morale qui assure au dedans le respect dû au principe d'autorité, et au dehors la juste influence de la France;

Considérant que le principe de la souveraineté nationale est reconnu par tous les partis qui nous divisent; qu'il a été de tout temps regardé comme la source du pouvoir, l'hérédité royale n'ayant été maintenue pendant une longue suite de siècles que par le consentement de la nation; que *l'institution du droit héréditaire* ne saurait souffrir d'un appel à la nation qui, usant de la plénitude de sa souveraineté, pourrait reconnaître ce *principe d'origine nationale*, et lui donner une sanction nouvelle sans en altérer la nature ni lui imprimer un caractère électif.

Que les partisans des autres gouvernements, républicains ou monarchiques, qui ont régi la France depuis soixante ans ne sauraient méconnaître un acte solennel et régulier de la volonté nationale qui était invoquée comme la seule raison d'être de ces différents gouvernements;

Considérant que, particulièrement, le gouvernement républicain doit être l'expression libre et sincère de la volonté nationale pour que toutes les volontés individuelles s'inclinent devant lui;

Considérant que les doctrines subversives de toutes sociétés, qui sont propagées de la manière la plus déplorable, depuis que la France est sortie du droit traditionnel de l'autorité héréditaire, s'appuient sur le *droit d'insurrection*, consacré par le succès et glorifié pendant trop d'années;

Qu'elles doivent avoir pour résultat infaillible de pervertir les populations trompées sur les devoirs des citoyens envers la nation tout entière ;

Que le meilleur moyen de combattre ces détestables doctrines est de mettre le pays en face de lui-même, pour que sa volonté, manifestée dans sa majesté, dans le calme, et librement, fasse la loi de telle sorte qu'elle remplace enfin l'ambition, la ruse ou la violence qui renversent successivement les gouvernements établis ;

Considérant que des prétentions ou des préventions funestes et peu intelligentes divisent malheureusement encore en classes ou catégories rivales et hostiles, rangent sous des drapeaux différents un grand nombre de citoyens, sur l'accord et les lumières desquels le pays devrait pouvoir compter ; qu'il importe de faire cesser ces divisions par l'expression non équivoque de la souveraineté nationale ;

Considérant que la forme républicaine ne fut envisagée par un grand nombre de citoyens que comme une épreuve à faire loyalement, comme un terrain neutre sur lequel tous les partis pouvaient se rencontrer, pour donner à la France le temps de se recueillir, d'arrêter et de manifester sa volonté définitive ;

Considérant que l'article 1er, chapitre Ier de la Constitution de 1848 est ainsi conçu : « La souveraineté réside dans l'universalité des citoyens français ; elle est inaliénable et imprescriptible ; aucun individu, aucune fraction du peuple ne peut s'en attribuer l'exercice ; »

Considérant que la Constitution de 1848 n'établit point entre la nation et une famille, ou un personnage quelconque, un contrat dont il ne soit pas permis à la nation de se dégager à son gré ;

Qu'elle a uniquement le caractère d'un acte dans lequel la nation, par l'effet de sa seule volonté, a déclaré adopter certaines règles pour la direction de ses affaires ;

Considérant que dans une telle situation une nation est toujours libre de changer sa volonté, et par conséquent de modifier ses institutions ;

Que si de pareilles modifications ne peuvent, sous peine d'usurpation, être opérées par des représentants qu'autant qu'ils en ont reçu le mandat exprès, la nation elle-même, en vertu de la plénitude de sa souveraineté, et d'après les termes de la Constitution, peut en tout temps et en toutes circonstances, par une manifestation directe, claire et libre de sa volonté, changer les institutions qui la régissent, lorsque dans sa sagesse et son libre arbitre, elle juge que cette modification lui est commandée par le soin de sa sécurité et de sa grandeur :

Considérant que la révision de la Constitution ne pourrait régulièrement être ordonnée par l'Assemblée législative que dans deux ans, et qu'il suffirait d'une faible minorité pour empêcher qu'elle pût s'effectuer légalement ;

Considérant que la misère, la ruine générale causées par l'incertitude de l'avenir, font de jour en jour des progrès effrayants et jettent le désespoir dans les populations qui ne peuvent souffrir plus longtemps une situation dont les péril; frappent tous les hommes qui examinent sérieusement l'état de la société française ;

Considérant que les véritables libertés, les améliorations sociales, les réformes, les progrès ne peuvent s'établir que dans les conditions de stabilité, de confiance dans l'avenir, qui stimulent toutes les bonnes volontés et leur donnent foi dans leurs tentatives pour le bien ;

Considérant l'état d'anxiété dans lequel se trouvent tous les esprits et tous les cœurs ;

Considérant que le principe posé dans l'article 1er, chapitre Ier de la Constitution de 1848, ouvre à la France, pour sortir de l'état d'incertitude, de division et de faiblesse où elle se trouve, une voie pacifique et régulière ;

Que l'organisation actuelle du gouvernement dont les pouvoirs politiques sont temporaires, est essentiellement favorable à l'application du principe posé par l'article 1er de la Constitution ;

Considérant que cet appel solennel à la souveraineté nationale est le seul moyen de rétablir la confiance, de déjouer les calculs égoïstes des partis, de prévenir les commotions violentes, les tentatives ambitieuses, les rêves d'usurpation ; de calmer les appréhensions de guerre civile, de rendre enfin à la France sa sécurité, sa dignité et sa force ;

Considérant que l'initiative de cette grande mesure est du domaine exclusif de l'Assemblée nationale législative ;

J'ai l'honneur de déposer la proposition suivante :

ARTICLE PREMIER.

La Nation sera consultée sur la forme du gouvernement qu'elle veut constituer définitivement. A cet effet, le premier dimanche du mois de juin 1850, il sera procédé au vote général dans la forme p escrite pour l'élection du président, en se conformant aux dispositions nouvelles sur les circonscriptions électorales.

ART. 2.

Chaque électeur déposera un bulletin sur lequel sera inscrit l'un des deux mots : *République* ou *Monarchie*.

ART. 3

Si la majorité est acquise à la République, le résultat sera proclamé à la tribune de l'Assemblée législative par le président de la République.

ART. 4.

Si la majorité est acquise à la Monarchie, le résultat sera proclamé par le président de l'Assemblée législative.

Dans ce cas seulement, il sera procédé, le premier dimanche du mois de juill t 1850, par le suffrage universel, à la nomination d'une Assemblée constituante, chargée des pleins pouvoirs de la nation.

ART 5.

Le président de la République conservera le pouvoir exécutif jusqu'au jour de la constitution définitive de l'Assemblée constituante.

Signé : HENRI DE LA ROCHEJAQUELEIN,
Représentant du Morbihan.

Paris, 26 mars 1850.

EXTRAIT DU MONITEUR DU 28 MARS 1850.

INCIDENT SUR LE PROCÈS-VERBAL.

M. DE LA ROCHEJAQUELEIN. Monsieur le président, je demande la parole sur le procès-verbal.

M. LE PRÉSIDENT. Vous l'aurez quand tous les représentants seront à leur place.

(En entrant dans la salle, les membres de l'Assemblée se livrent à des conversations animées ; l'Assemblée est fort nombreuse.)

M. LE PRÉSIDENT. M. de la Rochejaquelin a la parole sur le procès-verbal.

(M. de la Rochejaquelin monte à la tribune et attend pendant quelques instants que le silence s'établisse.

M. DE LA ROCHEJAQUELEIN. Messieurs, je crois devoir à l'Assemblée des explications très-nettes, très-catégoriques sur la raison de mon absence hier. Il serait, en effet, inconcevable qu'après avoir déposé une proposition comme celle que j'avais déposée sur le bureau de M. le président, si j'avais pu me douter qu'il en donnât lecture dans la séance, je me fusse absenté. Voici les faits tels qu'ils se sont passés :

Au commencement de la séance, vers deux heures, j'ai porté ma proposition sur le bureau de M. le président, qui, après en avoir pris lecture très-légèrement, je dois le dire...

M. LE PRÉSIDENT. Pas lecture !

M. DE LA ROCHEJAQUELEIN. Connaissance, me dit (je me sers de l'expression même qu'il a employée) : Mais c'est gros... (Rires et bruit.)

M. CHARLES ABBATUCCI. Le mot est vrai.

Une voix. Gros de tempête !

M. DE LA ROCHEJAQUELEIN. J'ai répondu, je crois, que la situation est assez grave pour ne faire que des choses graves. M. le président alors me dit : Remettez la proposition à M. Valette, le secrétaire de la présidence, qui l'enregistrera et la fera imprimer. Je l'ai remise à M. Valette. M. Valette fit venir l'imprimeur. Je me suis entendu avec l'imprimeur pour qu'il ajoutât à la proposition des considérants étendus qui l'expliquaient parfaitement (Rumeurs), du moins à mon point de vue. (A la bonne heure !) Messieurs, quand on est à la tribune, on parle pour soi et non point pour ceux qui vous entendent ; surtout quand on est aussi divisé que nous le sommes ; on parle de ses opinions. (Interruptions diverses.)

Les ordres ont été donnés à l'imprimerie, les feuillets ont été coupés pour l'imprimerie. Je suis revenu ici dans l'Assemblée, je suis monté une ou deux fois au bureau de la présidence pour parler au secrétaire. Je ne suis parti d'ici qu'à cinq heures un quart pour corriger les épreuves des considérants dont j'avais fait accompagner ma proposition. Personne ne m'avait prévenu, personne ne m'avait fait soupçonner la possibilité de la lecture de ma proposition, et, certes, si je m'étais douté qu'on pût la lire hier, je me serais présenté pour

4.

la défendre, ou du moins pour protester contre certaines expressions contre lesquelles je vous demande aujourd'hui la permission de protester. (Parlez ! parlez !)

Messieurs, mon absence de l'Assemblée bien expliquée et bien comprise de tout le monde, je demande à dire quelques mots pour expliquer comment je n'ai pas voulu faire quelque chose d'inconstitutionnel. J'ai pu me tromper, et si l'Assemblée nationale me dit que je me suis trompé, j'adhérerai complètement à sa décision.

M. FEBVREL. L'Assemblée l'a dit hier.

M. DE LA ROCHEJAQUELEIN. Si elle l'a dit hier, il faut du moins que je m'explique et que je vous dise pourquoi je n'ai pas cru faire quelque chose d'inconstitutionnel.

Messieurs, il faut tenir compte du temps, du milieu dans lequel on vit ; il faut tenir compte de tout ce qu'on entend tous les jours et de ce côté et de ce côté (l'orateur indique la droite et la gauche) ; il faut tenir compte du mouvement de la presse, de ce qu'on lit tous les jours, et je demande si les questions que j'ai traitées ne sont pas traitées tous les jours ; il faut se demander si les considérants dont j'avais accompagné ma proposition ne sont pas des considérants tirés des affirmations continuelles qui émanent de ce côté. (Désignant la droite.)

Je suis moins fondé qu'un autre à venir dire : J'attaque la République, j'attaque la Constitution ! Savez-vez-vous pourquoi ? C'est parce que je l'ai acceptée plus

qu'un autre, plus vite qu'un autre ; parce que, dans ce
qui venait de tomber, je n'avais rien à regretter !

A gauche. Très-bien !

M. DE LA ROCHEJAQUELEIN. Mais, messieurs, je ne
l'ai pas acceptée en disant : « Je suis républicain ; » je
l'ai acceptée en disant : « Je reste ce que je suis, mais je
veux essayer ce que sera la République. » Je l'ai dit à
l'Hôtel de ville, le 24 février ; je l'ai toujours répété depuis.

Plusieurs membres à droite. Très-bien !

M. DE LAROCHEJAQUELEIN. Je n'ai pas changé de
nom, mais seulement j'ai voulu faire l'épreuve réelle-
ment, fidèlement, et je n'y ai pas manqué jusqu'ici.

Mais, quand je vois que de tous côtés on s'occupe
de la révision de la constitution ; quand on se demande
quel moyen on pourrait employer pour y arriver ;
quand on se dit : Quel moyen légal y a-t-il d'arriver à
la révision de la constitution, si une minorité ne le
veut pas ? et quand on se dit : « Où allons-nous ? nous
sommes perdus ! » Il m'a semblé, en présence de ces
bruits de guerre civile, de coup d'Etat, auxquels je ne
crois pas, de toutes ces espèces de combinaisons plus ou
moins habiles, qu'il était plus naturel, qu'il était plus
sincère, qu'il était plus dans l'intérêt général du pays
de venir immédiatement apporter ici cette question :
« Veut-on, oui ou non, la forme actuelle du gouvernement ? » Si on la veut, qu'on en accepte toutes les
conséquences ; si on ne la veut pas, qu'on le dise une

fois pour toutes. (Agitation. — Quelques marques d'adhésion à l'extrême gauche.)

M. LE PRÉSIDENT, *s'adressant à l'extrême gauche.* Puisque vous approuvez la proposition, reprenez-la! (On rit.)

M. MIOT. Nous approuvons M. de la Rochejaquelein d'avoir la franchise de son opinion.

M. EDMOND VALENTIN. Oui, certainement!

M. DE LA ROCHEJAQUELEIN. Il ne faut plus rester dans cet état de division qui met notre pays dans une situation affreuse.

Mesieurs, vous savez ce qui se passe dans l'industrie, dans le commerce, dans l'agriculture et partout; vous savez qu'il y a des misères épouvantables; vous savez que, dans ce moment-ci ; les populations sont désespérées, parce qu'on ne sait pas quel est l'avenir, parce qu'on ne sait pas ce qu'on veut, parce que tout le monde doute.

Eh bien! messieurs, c'est pour sortir de cette situation d'anxiété, qui est si fâcheuse, que j'ai dit: Appelons-en à la France, mais non pas à la guerre civile ni à toutes les mauvaises passions.

Et quand on vient nous dire que les uns veulent la guerre civile et que les autres veulent l'étranger, il me semble qu'en présence de ma proposition il n'y a plus d'accusation de ce genre qui puisse subsister.

M. ROUHER, *ministre de la justice.* Au contraire.

M. DE LA ROCHEJAQUELEIN. Eh bien! c'est dans cette pensée que j'avais fait ma proposition.

Sur quoi m'appuyais-je ? Sur une pensée que je croyais très-républicaine.

Je ne me connais pas beaucoup en idées républicaines ; mais enfin je croyais que l'idée républicaine par excellence était que la souveraineté nationale dominait tout, même la Constitution. (Approbation sur quelques bancs.)

J'ai lu l'article Ier de la Constitution, qui est ainsi conçu :

« La souveraineté réside dans l'universalité des citoyens français.

» Elle est inaliénable et imprescriptible.

» Aucun individu, aucune fraction du peuple ne peut s'en attribuer l'exercice. »

Et alors, partant de cet art. Ier qui pose le principe de la souveraineté, je me suis dit : Mais, si on est dans cette inquiétude continuelle, la France périra ; appelons-en au souverain véritable ; puisque le souverain véritable, suivant la Constitution, est le peuple souverain, appelons-en au suffrage universel, et demandons-lui une bonne fois d'en finir par le suffrage universel.

Un membre à gauche. On l'a fait ! Il faudra donc le faire tous les huit jours !

M. DE LA ROCHEJAQUELEIN. Vous me dite qu'on en a déjà parlé au peuple. Si on en a appelé, faites lever ce côté (la droite), qu'il le déclare ; il n'y aura plus de contestation. Qu'on vienne ici dire que la République n'a pas été escamotée ; qu'on vienne ici dire que la République a été le vœu de la France entière, alors ma proposition tombe.

Mais, quand toutes les choses dont je viens de parler se passent, pouvez-vous avoir ici les affirmations que je demande? Je ne les vois pas. Vous savez le contraire. C'est pour cela que je demande au pays de répondre pour ceux qui ne veulent pas parler.

M. LÉO DE LABORDE. C'est vrai! Très-bien!

M. COQUEREL. Monsieur le président, est-ce que l'on peut développer une proposition sur laquelle on a adopté la question préalable?

M. DE LA ROCHEJAQUELEIN. Je n'ai pu faire quelque chose d'inconstitutionnel; je crois que j'étais dans mon droit. Et comme je suivais les habitudes prises en déposant ma proposition sur le bureau du président, elle était renvoyée à l'examen de la commission d'initiative, la commission faisait son rapport, contraire ou favorable, l'Assemblée décidait, et alors nous étions parfaitement dans la légalité.

Au contraire, on a trouvé ma proposition si extraordinaire, qu'elle a été repoussée sans m'entendre et sans en connaître les motifs.

M. VIEILLARD. Oui!

Une autre voix du fond de la salle. Si excentrique!

M. DE LA ROCHEJAQUELEIN. Excentrique! Je ne sais pas qui me dit le mot; mais ce mot est un engagement formel de ne jamais consentir à la révision de la Constitution autrement qu'avec la majorité des trois quarts de l'Assemblée.

A gauche. Mais oui ! mais oui ! — Très-bien !

M. BARTHÉLEMY SAINT-HILAIRE. C'est la Constitution !

M. VICTOR LEFRANC. Nous l'espérons bien ! nous n'en doutons pas

M. DE LA ROCHEJAQUELEIN. C'est un engagement de protester contre toute attaque à la Constitution, si vicieuse qu'elle soit.

A gauche. Sans doute !

M. DE LA ROCHEJAQUELEIN. C'est une protestation à l'adresse de tous vos électeurs, auxquels vous dites : Vous m'avez envoyé pour faire ce qu'il y aurait de mieux pour le pays ; eh bien ! j'ai reconnu que la République telle qu'elle est, et la Constitution de 1848 telle qu'elle est, sont le meilleur gouvernement et la meilleure Constitution qu'on puisse avoir. (Mouvements divers.)

Quelques voix. Pas du tout.

M. SOUBIES. Il y a la révision légale.

M. VICTOR LEFRANC. En 1852.

M. DE LA ROCHEJAQUELEIN. Eh bien ! moi, par ma proposition, je faisais un appel à la nation, et je lui demandais de déclarer si c'était bien là la forme définitive de gouvernement qu'elle voulait. Vous repoussez ma proposition ; je ne sais pas si la nation pense comme vous, mais je crois qu'il y aura sur ces bancs (l'orateur désigne la droite) plus d'un regret d'avoir repoussé ma proposition.

Maintenant on me dit : Elle est inopportune.

Je sais qu'il y a une maladie qui ne fait pas souffrir beaucoup, c'est la gangrène. Elle ne fait pas souffrir beaucoup, mais emporte sûrement le malade. Eh bien ! il me semble que dans ce moment-ci la société française, par nos divisions, est profondément gangrenée et qu'elle périra de la gangrène. (Non ! non ! — Agitation.) Ce sont nos divisions par-dessus tout qui en sont cause, et je demandais qu'on voulût bien mettre la nation à même de guérir elle-même la maladie dont elle périt. Vous ne l'avez pas voulu. J'ai rempli mon devoir, vous croyez avoir rempli le vôtre; ce sera au pays à juger. (Mouvements en sens divers.)

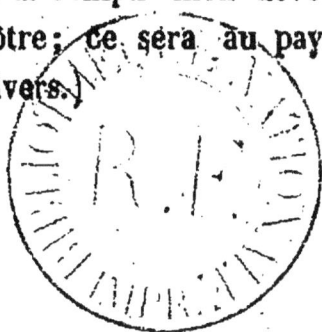

Typ. Dondey-Dupré, r. St-Louis, 46, au Marais.